Miki Kashtan

Beherzt leben

Ein Wegweiser zur Gewaltfreiheit

aus dem Englischen übersetzt von

Helene Weynerowski, Sitana Omer und Thomas Stelling

Bibliografische Information der Deutschen Nationalbibliothek:
Die Deutsche Nationalbibliothek verzeichnet diese Publikation in der Deutschen National-
bibliografie; detaillierte bibliografische Daten sind im Internet über http://dnb.dnb.de abrufbar.

engl. Originaltitel: The Little Book Of Courageous Living, 2014

Übersetzung: Helene Weynerowski, Sitana Omer und Thomas Stelling
Umschlaggestaltung & Layout: Thomas Stelling *supported by* Cornelius Richter
Korrekturlesen: Nadia el Hadrami und Patrick Remy

Herstellung und Verlag: BoD – Books on Demand, Norderstedt

ISBN: 978-3-7543-5563-3

Für meine Schwestern,
die mit mir sind auf jedem Schritt des Weges

Inhalt

Einleitung

Kannst du dir vorstellen wahrhaftig zu leben, ohne alles auf eine richtige oder falsche Art und Weise zu machen? Die Gewaltfreie Kommunikation (GFK), der Weg, den ich seit 1994 gehe und lehre, lädt genau dazu ein. Dieses Büchlein ist eine Sammlung von Gedanken und Ideen, die ich in meinen Seminaren, Vorträgen und meinem Blog *The Fearless Heart* (Das furchtlose Herz) geteilt habe.

Einzeln können sie als Fokus der Aufmerksamkeit und als Meditation dienen. Zusammen habe ich daraus ein Handbuch gemacht, als Wegweiser zur Gewaltfreiheit, wie ich sie praktizieren will: Liebe, Mut und eine tiefe Verpflichtung zur Wahrheit in den Mittelpunkt des Handelns stellend. Es sind einfache, wachrüttelnde Einsichten, die schon viele Menschen berührt und ihnen Inspiration, Trost und Klarheit gebracht haben.

Tatsächlich enthält diese Sammlung viele Zeilen und aufgezeichnete Zitate, die mir Seminarteilnehmer:innen zukommen ließen, welche ihnen besonders halfen, ihren eigenen Weg zu finden.

Diese Gedanken sind in Kapitel unterteilt, in denen wesentliche Themen und grundlegende Werte nachklingen, die wir alle teilen. Hier findest du keine spezielle Sprache und keine besonderen Vorschriften – nur eine Einladung, mit ganzem Herzen darauf zu lauschen, was dir und Anderen am wichtigsten ist, und eine Einladung nach einer Welt für alle zu streben. Dabei hoffe und vertraue ich darauf, dass du durch diese Botschaften Unterstützung finden mögest, während du deinen tiefsten Sehnsüchten entgegen gehst.

_Miki Kashtan

Authentizität

"

Dies über alles: Sei dir selber treu,
Und daraus folgt, so wie die Nacht dem Tage,
Du kannst nicht falsch sein gegen irgendwen.

_William Shakespeare

Einige von uns haben ihre Authentizität versteckt, um dazuzugehören.
Andere haben auf Kosten des Dazugehörens ihre Authentizität bewahrt.

Ich möchte mich mit der enormen Unvollkommenheit meines Lebens zeigen – meines Lebens, so wie es ist, nicht so wie ich es gerne hätte.

Ich möchte dir die Wahrheit sagen, und ich möchte
von dir begleitet sein in der Wahrheit.

Ohne die vollständige Integration eines Bewusstseins der Gewaltfreiheit, entsteht durch speziell erlernte Worte und Formulierungen eine Kluft, die als mangelnde Authentizität auftauchen kann.

Ich möchte mehr und mehr lernen mich so auszudrücken, dass es vollkommen authentisch ist und den geringstmöglichen Aufwand für eine andere Person bedeutet mich zu hören.

Authentischer Ausdruck und mitfühlende Präsenz sind die zwei Grundbausteine von Verbindung.

Jede Wahrheit kann übermittelt werden, wenn mit ausreichend Fürsorge die Verbindung gehalten wird. Selbst eine schmerzhafte Wahrheit kann Verbindung fördern. Solange Akzeptanz vom Verstecken der Wahrheit abhängt, bleibt sie fragwürdig, vorläufig und trügerisch.

Wenn du nur die Wahl hast, entweder unauthentisch zu sein oder dich authentisch mit einem Urteil zu zeigen, hätte ich lieber, du würdest das Urteil äußern. Aber ich glaube fest daran, dass dir eine fürsorglichere und doch ganz authentische Alternative fast immer zur Verfügung steht, wenn du danach strebst.

Kinder

"

Wenn wir diese Welt echten Frieden lehren und einen echten Krieg gegen den Krieg führen wollen, dann müssen wir bei unseren Kindern anfangen; und wenn sie in ihrer natürlichen Unschuld aufwachsen, brauchen wir nicht zu kämpfen. Wir werden keine unergiebigen, nutzlosen Beschlüsse verabschieden müssen, sondern wir werden den Weg der Liebe und des Friedens gehen, bis auch der letzte Winkel dieser Welt von Liebe und Frieden erfüllt ist, wonach sich bewusst oder unbewusst die ganze Welt sehnt.

_Mahatma Gandhi

Fürsorge und Interesse für die Bedürfnisse von Kindern zu zeigen und die Bedürfnisse von Eltern klar darzustellen, das ist der Nährboden für mitfühlende und beherzte Menschen, die in der Lage sind, aufgrund ihres tiefen Verständnisses eigener Bedürfnisse und der Bedürfnisse Anderer Entscheidungen zu treffen.

Wir können das Leben unserer Kinder fördern, wenn wir uns und unsere Entscheidungen besser verstehen, und wenn wir ihre Fähigkeit stärken, sich aus freien Stücken zu entscheiden.

Das Gegenmittel zu Zwang ist Vertrauen, nicht Nachgiebigkeit.

Wenn wirklich nicht verhandelbar ist, was du von einem Kind willst, dann mache das von Anfang an klar – anstatt so zu tun, als sei es eine Bitte, bis du auf ein „Nein" stößt.

Wir wollen eher Großzügigkeit in unseren Kindern fördern als Anpassung.

Reagiere in einem Konflikt nur dann mit Empathie auf ein Kind, wenn du dir vorstellen kannst, von deiner eigenen Position abzurücken, und dies kein subtiler Versuch ist es umzustimmen.

Wenn wir unsere Kinder im Vertrauen aufziehen, dass ihre Bedürfnisse ebenso zählen wie die der Erwachsenen, dann gibt es für sie schlicht keinen Grund, sich unterzuordnen oder aufzubegehren – es gibt nichts wogegen sie aufbegehren könnten.

Konformität wird niemals eine neue Generation fördern, die in der Lage ist, empathisch zu reagieren, im Einklang mit ihren tiefsten Werten zu handeln oder beherzt aufzutreten trotz Angst vor Konsequenzen.

Du kannst Kindern Wahlfreiheit weder gewähren noch sie ihnen verwehren. Sie haben sie einfach, wie alle anderen auch. Die einzige Macht, die du besitzt, besteht darin, ihre Optionen und ihren Zugang zu Möglichkeiten zu beschneiden und sie Konsequenzen spüren zu lassen, wenn dir ihre Entscheidungen missfallen.

Kinder in dem Glauben aufwachsen zu lassen, dass natürliche Konsequenzen und erzwungene Konsequenzen das Gleiche sind, verringert ihre Fähigkeit zu verstehen, wie die Welt funktioniert, und ihre Fähigkeit, Wahlmöglichkeiten und deren tatsächliche Konsequenzen zu erkennen.

Wenn wir die Wahrscheinlichkeit von fürsorglichem Handeln erhöhen wollen, habe ich nicht den geringsten Zweifel, dass der wirksamste Weg darin besteht, Kinder angstfrei zu erziehen, so dass sie ihr eigenes empathisches Feingefühl entdecken und entwickeln können.

Entscheidungsfreiheit

,,

Wir sind unsere Entscheidungen.

_Jean-Paul Sartre

Wir wählen weder die Gegebenheiten unseres Lebens noch die Konsequenzen unseres Handelns; völlige Wahlfreiheit, wie wir uns verhalten, haben wir nur innerhalb dieser Begrenzungen.

Je mehr Wege, umso mehr Optionen.

Je mehr Optionen, umso mehr Entscheidungsfreiheit.

Je mehr Entscheidungsfreiheit, umso weniger wahrscheinlich ist es,

dass wir gewalttätig werden.

Manchmal ist es leichter, sich der Entscheidungsfreiheit
in Extremsituationen zu erinnern, als im Alltagsleben.

Dinge „nett" zu sagen ist nicht dasselbe, wie für die freie Entscheidung des Gegenübers offen zu sein und ein „Nein" hören zu können.

Indem du rechtfertigst, wofür du dich entschieden hast,
gibst du vor keine Wahl getroffen zu haben.

Auf dem Weg zur völligen Entscheidungsfreiheit hören wir die Bitten Anderer auf eine Weise, die unsere Würde, Autonomie und Selbstfürsorge wahrt, egal wie diese Bitten vorgetragen werden.

Entscheidungsfreiheit ist der Kern eines radikalen Bewusstseins, das sieht und versteht ohne zu reagieren; eines Bewusstseins, das Autoritäten die Stirn bieten kann ohne die Liebe zu verlieren.

Wir können nur „Ja" sagen, wenn wir auch „Nein" sagen können.

Entscheidungsfreiheit ist weich, kraftvoll und kommt von innen. Wenn wir angespannt sind, sind wir wahrscheinlich noch am Reagieren.

Wenn ich von mir aus proaktiv entscheide, was ich machen will, und das zu meiner Gewohnheit mache, bin ich häufiger in der Lage das durchzuziehen.

Die Tragweite einer Entscheidung wächst,
je weniger uns die Optionen oder Konsequenzen gefallen.
Eine Entscheidung vermeidet nicht die Konsequenzen – es geht vielmehr
darum, die Furcht vor den Konsequenzen zu überwinden.

Je bewusster wir uns unserer Bedürfnisse sind, umso mehr Freiheit haben wir, Wege zu finden, diese wirklich zu erfüllen.

Unser menschliches Bedürfnis nach Autonomie erfüllt sich durch einen inneren Prozess bewusster Entscheidung; dies ist nichts, was Andere für uns erfüllen können.

Wenn Menschen nicht „Nein" sagen können ohne Konsequenzen zu befürchten, sind sie nicht frei. Dann ist, was auch immer sie für uns tun, keine freie Gabe. Und wenn es keine freie Gabe ist, dann zahlen wir früher oder später dafür – gewöhnlich verlieren wir das Wohlwollen in der Beziehung.

Wenn du wirklich in der Lage bist, dein Herz weit genug zu öffnen und allen
Bedürfnissen Raum zu geben – jenen, die erfüllt sind, jenen, mit denen du
ringst und jenen, die unerfüllt bleiben – dann kann Zauberhaftes geschehen.
Jedes einzelne dieser Bedürfnisse ist ein sprühender, pulsierender Teil deines
Herzens und deiner Menschlichkeit; jedes von ihnen ist Ausdruck deines
eigenen Lebens, das gelebt sein will. Die Würdigung aller Bedürfnisse
überwindet jedwedes innere Entweder-Oder und kann dich
an einen Platz echter Entscheidungsfreiheit bringen.

Zusammenarbeit

„

Einzeln sind wir ein Tropfen.
Zusammen sind wir ein Ozean.

_Ryunosuke Satoro

Je mehr Bedürfnisse von umso mehr Menschen in einer Lösung berücksichtigt sind, desto tragfähiger die Lösung.

In den meisten Fällen beginnt der Weg zu einer Lösung für alle, indem wir den Fokus bewusst weg von der Lösung dahin verlagern, wie wir die Verbindung aufrecht erhalten angesichts von Unterschieden, Unstimmigkeiten oder Kämpfen.

Wenn ich die Bedürfnisse einer anderen Person wirklich verstehe,
ist uns zusammen mehr möglich.

Wenn wir Konflikte als Chance sehen können, uns selbst und andere besser
kennenzulernen, verbessern wir unsere Fähigkeit zur Zusammenarbeit.

Wenn genug Menschen in Machtpositionen oft genug erleben, dass gut gestaltete und gut moderierte Prozesse der Zusammenarbeit bessere Ergebnisse für alle bringen, wird im Laufe der Zeit – bei dieser Auffassung bleibe ich – ein Umschwung kommen.

Echte Zusammenarbeit erfordert sowohl Liebe als auch Mut,
sowohl Sprechen als auch Zuhören, sowie das Aufgeben unserer gewohnten
Handlungsmuster, um mehr von dem zu sehen und zu offenbaren,
was wirklich geschieht.

Kommunikation

"

Beredsamkeit ist die Fähigkeit, Wahrheit in eine Sprache übersetzen zu können, die dem völlig verständlich ist, der dir zuhört.

_Ralph Waldo Emerson

Ich möchte, dass was ich sage meiner Absicht entspricht,
und nicht von Regeln beherrscht wird.

Die wirkliche Arbeit für gelingende Kommunikation wird innerlich geleistet: Es ist eine Arbeit an den Denkstrukturen, die uns von anderen Menschen trennen, selbst wenn wir versuchen, uns mit ihnen zu verbinden.

Wir alle werden eher dann zu sprechen bereit sein, wenn wir uns in der Lage sehen, die Wahrheit auszudrücken und ein Minimum an Vertrauen haben, dass wir gehört werden.

Wir neigen dazu, das, was andere Menschen sagen, eher auf uns zu beziehen als dazu, die Bedeutung zu verstehen, die ihre Handlungen für sie selbst haben. Wenn wir unser besonderes Augenmerk darauf richten, von welchem inneren Ort ihre Bemerkungen kommen, könnten diese anders auf uns wirken.

Ich strebe danach, mit möglichst wenigen Worten möglichst viel zu sagen.

Mitgefühl

"

Wenn du möchtest, dass die anderen glücklich sind, übe dich in Mitgefühl.
Wenn du selbst glücklich sein willst, übe dich in Mitgefühl.

_Seine Heiligkeit der Dalai Lama

Mitfühlen wird oft als Hindernis betrachtet, uns entschieden für unsere eigenen Bedürfnisse einzusetzen. Ich hingegen betrachte Mitgefühl mehr als eine Art Versicherung: durch Mitgefühl ist mein Handeln geleitet von Fürsorge für die Bedürfnisse aller. Dies lässt mich darauf vertrauen, dass die Erfüllung meiner Bedürfnisse Anderen nicht schadet, weil ich auch sie im Blick habe.

Erst wenn wir uns für die Tragik unerfüllter Bedürfnisse öffnen, sind wir in der Lage, mitfühlend unserer menschlichen Fehlbarkeit gegenüber zu sein, statt uns Perfektion zu wünschen und alles andere abzuwerten.

Selbst wenn uns verhasst ist, was jemand anderes tut, ist es doch motiviert durch Bedürfnisse, die unseren gleichen. Wenn wir das Tun eines Menschen von dem Bedürfnis trennen können, fällt es uns leicht ihm zu wünschen, dass auf sein Bedürfnis eingegangen wird. Dies ermöglicht uns, von Misstrauen und Verurteilung hin zur Wahrnehmung der Tragik unerfüllter Bedürfnisse überzugehen, der wir mitfühlend begegnen können.

Ein Bewusstsein für Bedürfnisse zu entwickeln, ist *ein* klarer Weg
den Muskel des Mitgefühls zu stärken.

Wir sind daran gewöhnt, Mitgefühl und Verantwortung als sich gegenseitig ausschließend zu behandeln. Wahrlich mitfühlende Lösungen für Konflikte entstehen, wenn wir Verantwortung übernehmen während wir dabei auf Sanktionen verzichten.

Mut

"

Das Leben schrumpft oder dehnt sich aus, proportional zum eigenen Mut.

_Anaïs Nin

Es ist so schwer gegen den Strom zu schwimmen. Es ist kostbar, dass einige von uns dazu den Mut aufbringen.

Wenn wir akzeptieren, dass die Kraft unseres Daseins, unserer Liebe und unserer Fürsorge ein Geschenk sind, dann können wir die Angst überwinden, anderen Menschen zu nahe zu kommen, selbst wenn dies für sie unangenehm sein könnte.

Mutig zu sein besteht für mich nicht nur darin, sich möglichen
Konsequenzen zu stellen, sondern im Herzen währenddessen auch
offen, liebevoll und ungeschützt zu bleiben.

Wieder und wieder bin ich zur selben Erkenntnis gekommen:

Wenn ich urteile, bin ich auf gewisse Weise geschützt.

Dann muss ich nicht fühlen, was alles zu fühlen ist.

Wenn Menschen erheblichen Schaden angerichtet haben, erfordert es ungeheuren Mut von ihnen, das Meer an Scham zu durchqueren, welches sie von ihrer eigenen weinenden Seele trennt.

Nur über Liebe zu reden ist nicht ausreichend, um Gewalt zu verhindern.
Wir brauchen auch noch den Mut, uns den Konsequenzen zu stellen, sei es
körperlich oder emotional, so dass wir unerschrocken lieben und weich und
offen genug bleiben können, um gewaltfrei auf das zu antworten,
was uns nicht gefällt.

Je selbstverständlicher wir uns für uns einsetzen und jederzeit unsere Fragen stellen, desto eher können wir unter extremen Bedingungen unseren moralischen Mut aufrecht erhalten.

Es braucht Mut, unser Zutrauen soweit auszuweiten, dass immer mehr von uns sich dafür entscheiden, unsere Gaben und unsere Verletzlichkeit sichtbar zu machen. Diese Qualitäten braucht es für die gewaltige Aufgabe, eine Welt für alle zu schaffen.

Es gibt eine Art von Mut, die ich schätze: bereit zu sein, mir wirklich mit Offenheit anzuschauen, was gerade geschieht, und dadurch berührt, ergriffen, bewegt und möglicherweise verwandelt zu werden. Dies geht Hand in Hand mit tatkräftiger Fürsorglichkeit und umfasst die Bereitschaft, einen hohen persönlichen Einsatz zu erbringen und Komfort und Annehmlichkeiten aufzugeben, um sich einzusetzen für das, was uns wichtig ist.

Mut wird befeuert von dem Glauben an Wahrheit und Integrität, gepaart mit beständigem Vertrauen in die Macht der Liebe. Die Intensität von Liebe und Hingabe wirkt wie eine Flamme, die vermutete Gefahren verzehrt. Diese Art der Liebe ist unabhängig vom Verhalten Anderer. Diese Liebe besteht weiter, selbst im äußersten Fall von anhaltender Gewalt gegen die eigene Person, wenn gewaltfreier Widerstand geübt wird.

Ganz und gar beherzt zu leben bedeutet die Bereitschaft aufzubauen, alles zu verlieren und doch damit im Frieden zu sein.

Dialog

"

In einem wahren Dialog sind beide Seiten bereit sich zu verändern.

_Thich Nhat Hanh

Nur wenn ich bereit bin, mich durch ein Gespräch verändern zu lassen, kann wahrer Dialog entstehen. Wenn ich selbst nicht bereit bin mich zu ändern, mich hinreichend beeinflussen zu lassen, um für mich neue Optionen in Erwägung zu ziehen, weshalb erwarte ich dann von meinem Gegenüber sich zu verändern?

Dialog dient der Zusammenarbeit dann am meisten, wenn wir Fragen stellen, die weder unsere eigene Macht noch die Würde des Anderen gefährden.

Es geht im Dialog darum herauszufinden, ob wir die Kluft zwischen unseren eigenen Wahrnehmungen und bevorzugten Strategien, und denen einer anderen Person schließen können.

Ich arbeite immer noch daran, in der Lage zu sein „Nein" zu sagen, ohne mein Herz aus Trotz zu verschließen, und daran „Ja" zu sagen, mit aller Großzügigkeit und allem Wohlwollen, auch wenn jemand in einer Machtposition ist und ich keinen Raum für Dialog sehe.

Alles was wir sagen, mit einer Frage zu beenden, hält den Dialog aufrecht, weil es eine Antwort einlädt.

Im Kern geht es bei der Kunst des Dialogs darum, mit Hingabe immerfort auf stimmige Lösungen für alle hinzuwirken – selbst wenn Andere nur ihre eigenen Interessen im Blick haben.

Wenn es eine richtige Antwort auf eine Frage gibt,

fühlt es sich wie eine Forderung an.

Empathie

„

Könnten wir die geheime Geschichte unserer Feinde lesen,
dürften wir im Leben eines jeden einzelnen genug Schmerz und Leid finden,
um alle Feindseligkeit zu entwaffnen.

_Henry Wadsworth Longfellow

Ich möchte Menschen, die an Bestrafung glauben, nicht heimlich bestrafen. Ich möchte ihre Bedürfnisse begreifen und sie unterstützen, selbst wenn ich ihre Strategien sich ihre Bedürfnisse zu erfüllen, nicht gutheiße.

Wenn ich empathisch bin, ist es, als sei ich die andere Person, während ich mir im Klaren darüber bin, dass ich es nicht bin.

Empathie ist keine Ware oder etwas, das ich gebe.
Sie ist ein magischer Ort, in den ich eintrete.

Wenn Menschen gut gehört werden, können sie andere besser hören.

Übereinstimmung führt schwerlich zu Empathie.

Übereinstimmung hält uns auf der inhaltlichen Ebene fest.

Empathie entsteht auf einer grundsätzlich anderen Ebene, die unserer wesentlichen menschlichen Erfahrung näher ist – von Moment zu Moment auf das Leben zu antworten.

Je herausfordernder es ist, ganz in die Schuhe von jemand anders zu treten, umso notwendiger ist es, um die Trennung zu überwinden. Was mir fremd ist, was mich herausfordert, was mich ängstigt, was ich verurteilen könnte, gehört auch zum Leben. Indem ich mich von all dem distanziere, bleiben mir einige Aspekte des Lebens verschlossen.

Wenn die Handlungen Anderer für uns schmerzlich sind, können wir unseren Schmerz lindern, indem wir Mitgefühl und Verständnis für die Bedürfnisse aufbringen, die den Handlungen zugrunde liegen.

Empathie verbindet Herz und Verstand, und bringt gleichzeitig das Eigene und das Andere zusammen.

Hinter jeder Beschwerde steht eine Vision.

Die Handlungen und Gedanken anderer Menschen ergeben für sie genauso viel Sinn wie unsere für uns.

Wahre Empathie braucht ein gewisses Maß an Risikobereitschaft, Offenheit und Verletzlichkeit, da unsere Empathie möglicherweise nicht als Geschenk empfangen wird.

Empathische Präsenz ist auch ein Geschenk an uns selbst: durch Vertrauen genährt zu sein und durch das Bezeugen von purer, konzentrierter und reiner Menschlichkeit in ihrer unverkennbaren Schönheit.

Freiheit

"

Denn um frei zu sein, genügt es nicht, einfach die Ketten abzuwerfen, sondern es gilt so zu leben, dass man die Freiheit des anderen respektiert und fördert.

_Nelson Mandela

Innere Freiheit ist meine eigene Fähigkeit von innen heraus zu entscheiden, wie ich auf das antworte, was mir das Leben bringt. Das kann mir niemand nehmen.

Wir können den langen Weg zur Freiheit nicht ohne Tränen gehen.

Wenn ich mir meiner Bedürfnisse bewusst bin, Akzeptanz für sie finde und das durch meine Gefühle ausgelöste Unbehagen annehme, wächst meine Freiheit, auf das Leben zu antworten.

Freiheit liegt für mich in der dialogischen Haltung: „Ich wünsche mir .... und möchte wirklich wissen, ob das für dich geht oder nicht?"

Wenn wir uns ganz auf das Ungewisse einlassen, auf das Unbekannte, und darauf, dass Kontrolle unmöglich ist, dann machen wir uns auf in Richtung Befreiung.

Rebellion ist keine wirkliche Freiheit, weil wir damit lediglich auf das reagieren, was uns Andere vorgesetzt haben, anstatt schlicht und einfach unseren eigenen Weg zu gehen.

Unsere wirkliche Freiheit liegt darin, wieder und wieder zu den Bedürfnissen zurückzukommen, die wir versuchen zu würdigen, um dann Entscheidungen zu treffen, von denen wir annehmen, dass sie diesen Bedürfnissen am ehesten gerecht werden können – ohne uns jemals gewiss zu sein.

Wahre innere Freiheit ist der ursprünglichen Bedeutung von Autonomie sehr nahe – nach den ureigenen Gesetzen zu leben. Darin liegt nichts Reaktives, Trotziges, Widerständiges oder Defensives. Stattdessen kommt sie zart und sanft von innen, und macht uns belastbarer im Umgang mit anderen.

Wenn meine Bedürfnisse nicht gesehen oder erfüllt werden, und ich mich daraufhin verschließe und und gar nichts mehr erwarte, dann sperre ich mich selbst ein. Meine Freiheit als Mensch wächst, je mehr ich mir zugestehen kann, mit dem verbunden zu bleiben, was ich nicht haben kann.

Trauern

"

Die schönsten Menschen, die wir kennengelernt haben, sind diejenigen, die Niederlagen erlebt haben, das Leid kennengelernt haben, den Kampf, den Verlust, und die ihren eigenen Weg gefunden haben, um aus diesen Tiefen wieder herauszukommen. Diese Menschen haben eine Wertschätzung, Sensibilität und ein Verständnis für das Leben, das sie mit Mitgefühl, Sanftmut und tiefer liebevoller Sorge erfüllt. Schöne Menschen passieren nicht einfach so.

_Elisabeth Kübler-Ross

Was auch immer wir nicht betrauern, verhärtet unsere Herzen, verschließt uns und verhindert, uns ganz aufs Leben einzulassen.

Der Trauerprozess setzt ausreichend Kraft frei, mein Herz offen zu halten; zuzulassen, dass ich weine und weine, mein Herz ohne Schuldzuweisungen öffne, ohne etwas verändern zu wollen, ohne mich zu verschließen.

Das Betrauern der Vergangenheit ermöglicht mir, stärker zu sein,
um der Gegenwart zu begegnen.

Wenn Menschen Blut an den Händen haben, brauchen sie genügend Liebe, um den Weg in ihr eigenes Herz zurückzufinden, um all das zu betrauern, was sie getan haben, und um sich die Hoffnung zu bewahren, wieder zur menschlichen Gemeinschaft dazuzugehören.

Wir können nicht ändern, was in der Vergangenheit geschehen ist, und auch die Tatsache nicht, dass es gut möglich ist, dass es sich immer wieder wiederholt. Aber wenn es uns gelingt, diese Tatsache zu akzeptieren, sind wir freier in der Wahl, wie wir dem Leben begegnen.

Erst wenn wir uns erlauben, uns mit dem Traum zu verbinden, der in uns lebt, und all den Schmerz zu durchleben, der daher rührt, die Kluft zwischen dem Traum und der uns umgebenden Wirklichkeit zu erfahren, sind wir nicht länger verhaftet in der Wirklichkeit, die nicht der Traum ist.

Glückseligkeit bedeutet dem Lebensfluss in mir keinen Widerstand

entgegenzubringen – welche Gestalt auch immer er annimmt.

Heilung

"

Als mein Leiden zunahm, erkannte ich bald, dass es zwei Arten gab, wie ich auf meine Situation antworten konnte – entweder mit Bitterkeit, oder indem ich anstrebe, das Leiden in eine kreative Kraft umzuwandeln. Ich entschied mich dafür, dem zweiten Weg zu folgen.

_Martin Luther King Jr.

Es kann schwerer sein, von dem geheilt zu werden, was wir Anderen zugefügt haben, als von dem, was uns selbst zugefügt wurde.

Zuweilen weiß ich erst dann, dass etwas in mir geheilt ist,
wenn ich Dankbarkeit empfinde für das, was mir widerfahren ist.

Wenn wir verletzt worden sind, ist das Misstrauen in die Menschlichkeit eines jeden Menschen eines der größten Hindernisse für Heilung.

Wenn es uns gelingt, einem Menschen einen möglichen Weg zu zeigen, die scheinbar unmenschlichen Handlungen einer anderen Person zu verstehen, sind die Erleichterung und das Wiedererlangen von Möglichkeiten fast unbeschreiblich. Etwas löst sich, das für Jahrzehnte verkrustet gewesen sein mag. Für einen Moment, oder auch für immer, gibt es eine Öffnung in die Fülle des Lebens.

Die verlorene Verbindung zu unserer Seele wiederherzustellen, verlangt von uns, ungeheurer Scham zu begegnen, und nur die Liebe vermag uns darin zu unterstützen.

Integrität

"

Ich bin nicht verpflichtet zu gewinnen,
aber ich bin verpflichtet, aufrichtig zu sein.
Ich bin nicht verpflichtet, Erfolg zu haben,
aber ich bin verpflichtet, dem Licht des Bewusstseins,
das in mir leuchtet, zu folgen.

_Abraham Lincoln

Gewaltfreiheit ist die Bereitschaft, mich immer wieder zu zeigen und so zu verhalten, dass ich in integer bleibe, mit der, die ich sein will, unabhängig davon, was andere tun.

Wenn ich eine zukünftige Welt jenseits von Bestrafung und Belohnung schaffen will, werde ich danach streben, diese Zukunft in der Gegenwart zu leben, in jedem Moment, mit jedem Menschen, in jeder Situation.

Ohne den Mut zu entwickeln, mit möglichen Konsequenzen umzugehen, die auf uns zukommen könnten, wenn wir in Einklang mit unseren Werten agieren, können wir nicht vollständig integer sein.

Ich möchte meine Grenzen finden, annehmen und dann darüber hinausgehen, um angesichts meiner Angst kühn und kühner zu werden.

Es wird immer Menschen geben, die die Umsetzung unserer Vision als echte Bedrohung für das ansehen, was ihnen selbst lieb und teuer ist. Wenn uns daran liegt integer vorzugehen, wird es nötig sein, auch ihre Bedürfnisse und ihr Wohlergehen ganz und gar einzubeziehen.

Egal ob es mir gelingt oder nicht, das zu erschaffen, was ich in der Welt will, möchte ich in der Gewissheit sterben, dass ich gelebt habe integer darin, es versucht zu haben.

Interdependenz

„

Wir können entweder jene Aspekte unserer religiösen oder säkularen Traditionen betonen, die von Hass, Ausgrenzung und Misstrauen erzählen, oder zurückgreifen auf solche, die die Interdependenz und die Gleichheit aller Menschen betonen. Du hast die Wahl.

_Karen Armstrong

In einer Welt der Trennung kann ich mich entweder meinen oder deinen Bedürfnissen zuwenden, nicht beiden. Wenn ich die Welt der Interdependenz, der wechselseitigen Abhängigkeit, wähle, kann ich mich mit beiden verbinden.

Die Vision einer Welt, in der die Bedürfnisse aller Menschen bedeutsam sind, spricht Menschen unmittelbar an. Gleichwohl bleibt angesichts scheinbarer Knappheit, die uns gegeneinander ausspielt, die Fähigkeit auf der Strecke, eigene und andere Bedürfnisse gleichzeitig im Blick zu behalten.

Menschen blühen voll auf, wenn sie Geschichten erzählen oder hören, die vom Geben handeln. Gleichzeitig verkünden wir eine illusorische Autarkie, in der wir nicht um das bitten, was wir brauchen. Interdependenz erfordert einen Übergang von der Illusion der Autarkie hin zu der Freiheit, die daraus erwächst, akzeptieren zu können, dass wir von anderen Menschen abhängig sind, um unsere Bedürfnisse zu erfüllen.

Interdependenz erfordert zu unterscheiden zwischen der Unabhängigkeit als menschlicher Fähigkeit, das Handeln frei zu entscheiden, und der Unabhängigkeit als Wahl, so zu handeln, dass die Bedürfnisse Anderer nicht mit im Blick sind.

Je mehr unsere Fähigkeit zur Interdependenz wächst, umso mehr erkennen wir, dass wir anderen eine Möglichkeit schenken beizutragen, wenn wir sie um Unterstützung bitten.

Interdependenz beruht darauf, dass wir uns fürsorglich den Bedürfnissen von allen zuwenden, unsere eigenen eingeschlossen, und dass wir das Entweder-Oder von „Selbstsucht" vs. „Selbstlosigkeit" überwinden.

Wir brauchen einander unbedingt, um uns im Beziehungs-Wirrwarr in uns und zwischen uns zurecht zu finden. Wir schämen uns dafür, Unterstützung zu brauchen, als sei solch ein Bedürfnis eher ein Problem als ein einfacher Ausdruck unserer interdependenten Natur als Menschen.

Führung

"

Ich hab nie irgend etwas allein geschafft. Alles, was in diesem Land je vollbracht wurde, wurde gemeinsam vollbracht.

_Golda Meir

Wie herausfordernd auch immer es ist, die Altlast der Dominanz in eine kooperative Führung zu transformieren, es ist wesentlich für unser Überleben.

Wenn dir nicht gefällt, was eine Führung macht, dann bringe Dich – anstatt sie zu kritisieren – als Verbündete:r der Führung so ein, dass alle mit Fürsorge und Würde im Blick sind.

Wir verstärken Transformation und den *Empowerment*-Prozess, wenn wir unseren Führungspersonen Fehler zugestehen, und wir offen dafür bleiben, durch ihre Visionen und Taten inspiriert und motiviert zu werden.

Je mehr ich die Machtlosigkeit und das Getrenntsein im Blick habe, mit der mich Menschen hören, umso eher mag es mir gelingen, mich so auszudrücken, dass es Menschen möglich wird, unmittelbar unserer wechselseitigen Abhängigkeit bewusst zu werden.

Selbst wenn du nicht ausdrücklich in der Führung bist, hast du entscheidende Macht: die Macht, mit Herz und Verstand zuzuhören, zu lieben, Verbindung zu schaffen und Menschen zu ermächtigen.

Ich will ein Gleichgewicht schaffen zwischen dem Alleinlassen von Menschen, die um eine Antwort ringen, und dem Geben einer Antwort, was ihnen morgen nicht helfen wird sie selbst zu finden.

Ich bin fest davon überzeugt, dass Menschen ihre eigenen Antworten finden können. Ich bin bestrebt, meine eigene Rolle darin zu sehen, gerade so viele leitende Fragen zu stellen, dass Menschen auf ihrem Weg der Selbstfindung unterstützt werden.

Ein zentrales Hindernis für kooperative Führung ist unsere tragische Erfahrung umfassender Machtlosigkeit gegenüber Führung, die jedes Angebot der Zusammenarbeit von Seiten der Führung um so viel schwieriger macht. Menschen hören Forderungen, wenn sie von der Führung angefragt werden, etwas zu tun; sie bleiben zynisch, wenn von ihnen wirklich Beiträge oder Beteiligung an Entscheidungsprozessen erwünscht werden; oder sie bleiben beharrlich dabei, sich nicht offen auszudrücken, selbst wenn die Führung einer Atmosphäre verpflichtet ist, die keine Repression erwarten lässt.

Ich möchte daran glauben, dass uns viele kleine Schritte der Nichtkooperation mit dem Status quo nutzen, um Alternativen zu schaffen und unser Bewusstsein zu transformieren, damit wir alle vorbereitet sind, dem Ruf zu folgen, wenn die Zeit reif ist: Inspiration und Klarheit anzubieten, die einen entscheidenden Unterschied machen können.

Kooperative Führung zu verkörpern erfordert von uns, uns des latenten Machtmissbrauchs immer noch bewusster zu werden, der von unseren Gewohnheiten und denen der Anderen herrührt.

Für Veränderung zusammenzuarbeiten, deutet auf eine Vision von Führung als Hüter:innen des Ganzen hin. Selbst wenn Menschen sich gegen unsere Veränderungsvorschläge stellen, hilft uns dieses Verständnis, eine Selbstverpflichtung aufrecht zu erhalten, auch die Bedürfnisse dieser Menschen mit in das einzubeziehen, was wir erschaffen wollen.

Du brauchst nicht all deine Begrenzungen zu überwinden,
um Führung zu übernehmen.

Liebe

"

Es ist nicht deine Aufgabe die Liebe zu suchen. Suche und finde stattdessen all die Hindernisse in dir, die du gegen sie aufgebaut hast.

_Rumi

Menschliche Seelen sind unwiderstehlich. Wenn wir eine andere Menschenseele wahrlich erkennen, können wir gar nicht anders als uns zu verlieben.

All die Liebe und alles Verstehen in der Welt ist kein Ersatz für ein Handeln, das konkrete und handfeste Ergebnisse hervorbringt. Der eigentliche Sinn von Liebe ist, sicherzustellen, dass unsere Handlungen frei sind von Gewalt, Hass und Trennung.

Das Geflecht der Liebe, in dem wir verwoben sind, ist sowohl zart als auch fest, wie feine Spinnenseide mit ihrer Reißfestigkeit, die stärker ist als Stahl.

Liebe bedeutet, Visionen zu entwickeln, den Dialog zu suchen und sogar gewaltfreien Widerstand zu organisieren, um wirklich eine Welt für alle zu schaffen, auch für unsere früheren Feinde.

Empathie ist einer der zuverlässigsten Wege, unserer Liebe Ausdruck zu verleihen. Gerade jene Menschen, die extrem gewaltbereit sind, die zu lieben uns am schwersten fällt, brauchen unsere Liebe am nötigsten.

Bedeutsamkeit

"

Ich habe gelernt, dass Menschen vergessen, was du gesagt hast, dass Menschen vergessen, was du getan hast, aber dass Menschen niemals vergessen, welche Gefühle du in ihnen hervorgerufen hast.

_Maya Angelou

Was wir zu bieten haben und wer wir sind, ist von Bedeutung.
Die Welt wäre eine andere, wenn es uns nicht gäbe.

Wir wissen alle, wie wir Menschen das Gefühl geben, dass sie uns etwas bedeuten. So können wir, auf welcher Ebene auch immer wir uns bewegen, die Welt so gestalten, wie sie uns gefällt.

Das Wissen darum, wie wichtig wir sind, ist der Kitt all unseres menschlichen Miteinanders.

Diejenigen, die nicht wissen, dass es auf sie ankommt, neigen eher dazu Schaden zu verursachen als jene, die eine klare Vorstellung ihres Platzes in der Menschheitsfamilie haben.

Zu wissen, dass es auf mich ankommt, ist sowohl eine enorme Erleichterung als auch eine riesige Verantwortung.

Unzählig viele Menschen glauben, dass sie nichts zu geben haben. Das Heilmittel für diese gesellschaftliche Krankheit besteht für uns alle darin, uns und Andere daran zu erinnern, uns selbst ernst zu nehmen. Also bitte lass das „Ich weiß nicht" sein, ignoriere die Stimmen, die dir einreden, dass du es nicht weißt oder dass es auf dich nicht ankommt, und sprich aus, was in dir ist. Das wird Deine Bedeutsamkeit unter Beweis stellen ... und zeigen, dass du Teil der Heilung bist.

Menschen neigen eher dazu, eine Gruppe in der Überzeugung zu verlassen, dass sie nicht „reinpassen", als anzuerkennen, dass sie per Definition ein wesentlicher Bestandteil der Gruppe sind. Indem du dich für aktive Beteiligung entscheidest, gestaltest Du das Wesen und Handeln der Gruppe mit.

Wenn wir darauf vertrauen, dass es auch auf unsere Bedürfnisse ankommt, sind wir sehr viel beweglicher darin, wie sie erfüllt werden. Wir werden sogar offener dafür, dass vielleicht gar nicht auf sie eingegangen wird.

Gewaltfreiheit

"

Bunte Demonstrationen und Ostermärsche sind unverzichtbar, reichen aber allein nicht aus, um Kriege zu beenden. Kriege werden nur beendet, wenn Soldaten sich weigern zu kämpfen, Arbeitende sich weigern, Waffen auf Schiffe und Flugzeuge zu verladen, und Menschen die ökonomischen Vorposten des Imperiums, die um den Globus gespannt sind, boykottieren.

_Arundhati Roy

Gewaltfreiheit ist eine bewusst gewählte, achtsame Lebensweise, die daraus erwächst, wenn wir für Liebe, Mut und Wahrheit einstehen.

Für mich bedeutet gewaltfreier Widerstand, denen mit Liebe entgegen zu treten, die Macht haben und nicht zum Dialog bereit sind, die trotz unseres aufrichtigen Bemühens, uns auf sie einzulassen, an ihrer Macht festhalten, die gerade durch ihre üblichen Entscheidungen zu anhaltender, gewaltiger Zerstörung beitragen.

Wenn wir uns für eine Vision einer anderen Welt einsetzen, braucht es oft weit mehr Mut, Unterdrückung hinzunehmen als zurückzuschlagen.

Wenn ich mich als Botschafter:in für ein neues Bewusstsein einsetze, dann mache ich die Arbeit: Ich verwende eine Ausdrucksweise, die auch Menschen verstehen, die nicht zu meiner Wertegemeinschaft gehören, so dass sie sich selbst nicht so anstrengen müssen, mich zu hören und zu verstehen.

Der Übergang zur Gewaltfreiheit erfordert Mut in zweifacher Hinsicht: die eigenen reaktiven Gewohnheiten zu überwinden und den möglichen Konsequenzen zu begegnen, die auftauchen, wenn wir Machthabenden entgegentreten, insbesondere wenn sie auf jede erdenkliche Weise Widerstand unterdrücken.

Das Einzige, was vollständige Gewaltfreiheit behindert, ist Angst.

Die Angst an sich verlässt uns nicht, wenn wir Gewaltfreiheit vertieft praktizieren. Was sich verändert, ist unsere Fähigkeit sie auszuhalten – und uns dennoch für Liebe und Mut zu entscheiden. Mit genügend Übung und Hingabe wird es immer weniger attraktiv, aus Angst heraus zu handeln.

Der einzig gangbare Weg für eine lebenswerte Zukunft, den ich mir vorstellen kann, beruht auf gewaltfreien Mitteln.

Was auch immer andere denken, ich bin überzeugt davon: Je mehr wir alle lernen, die Möglichkeiten von Dialog und gewaltfreiem Widerstand in Körper, Geist und Seele zu integrieren, umso weniger werden wir dazu neigen, unter widrigsten Bedingungen auf Töten als letzte Alternative zurückzugreifen.

Gewaltfreiheit bezieht ihre Macht aus Liebe, aus dem Abbau von Trennungen, aus dem Hegen von Mitgefühl für jeden Menschen, aus dem Mut, die Konsequenzen unserer Handlungen zu tragen, aus der Bereitschaft für Wahrheit einzustehen und aus der leidenschaftlichen Verpflichtung, Angst zu überwinden und integer zu handeln.

Gewaltfreiheit zu leben heißt, in Zeiten, in denen unseren Werten zuwider gehandelt wird, oder wenn eigene oder anderer Grundbedürfnisse beeinträchtigt sind, mit Mut und Liebe wahrhaftig zu sein. Wir sind bereit uns für das einzusetzen, was uns wichtig ist, während wir uns gleichzeitig ein offenes Herz denen gegenüber bewahren, die Dinge anders sehen als wir.

Macht

"

Menschen geben am häufigsten ihre Macht dadurch ab, dass sie denken, sie hätten gar keine.

_Alice Walker

Macht ist einfach nur die Fähigkeit, Ressourcen zu mobilisieren, um uns um Bedürfnisse zu kümmern. Wir alle brauchen Macht.

Mächtig zu sein beruht teilweise auf der Fähigkeit, unsere Ausrichtung nicht aus dem Auge zu verlieren, während wir den Verführungen des Augenblicks standhalten.

Das Paradigma von Unterwerfung und Rebellion zu überwinden bedeutet, klar zu machen, was wir wollen, ohne unsere eigene Macht abzugeben und ohne Anderen ihre Macht zu nehmen.

Der Widerwillen vieler Menschen „Nein" zu sagen, ist eine der Quellen, die Menschen in Machtpositionen anzapfen.

Immer wenn Menschen sich die Erfüllung ihrer Bedürfnisse „erkaufen",
indem sie sich für eine Belohnung oder aus Angst fügen, wissen und spüren
sie in der Tiefe ihres Herzens, dass sie sich außerhalb des Gefüges von
wechselseitiger Abhängigkeit und Liebe bewegen.

Ich weiß nicht, wie wir die Mächtigen erreichen können. Ich weiß nur, dass diese Aufgabe lebensnotwendig ist, wenn wir diese Zeiten überleben und uns als Spezies der Schöpfung auf diesem Planeten weiter entfalten wollen.

Menschen haben sich mir gefügt, ohne dass ich sie darum gebeten habe. Ich kenne den Schmerz von Trennung und Einsamkeit, wenn Menschen ihre Macht abgeben. Ich habe auch Menschen erlebt, die mir als Reaktion auf etwas, das ich weder gesagt noch getan hatte, Trotz und Rebellion entgegen gebracht haben, einfach nur weil ich in einer Machtposition bin.

Wenn du deine eigene Macht spüren kannst,
wirst du selten Ärger empfinden.

Praxis

"

Es gibt kein schwieriges (Musik-) Stück. Ein Stück ist entweder unmöglich oder es ist leicht. Den Prozess, durch den das eine zum anderen wird, nennen wir Üben.

_Louis Kentner

Das einzige, was ich sicher über die menschliche Natur weiß:
Wir sind Geschöpfe unserer Tuns, wir werden zu dem, was wir praktizieren.

Meine Lieblingspraxis besteht darin, in kleinen Schritten die zu werden, die ich sein will, was mich allmählich zu neuen Gewohnheiten führt. Kleine Schritte, beständig gegangen, führen weit.

Praxis ist ein Training für Herz, Körper und Geist und schafft die Grundlage dafür, dass Wandel sanft und liebevoll geschehen kann.

Unsere Praxis sollte machbar sein, damit wir nicht entmutigt werden.

Praxis verringert die Kluft zwischen dem, wonach wir uns sehnen, und dem, was wir verkörpern können.

Es genügt nicht, die Haltung der Gewaltfreiheit zu verstehen – selbst wenn wir von ganzem Herzen daran glauben, sie begrüßen, sie wählen, sie lieben –, weil die alten Muster übermächtig in uns wirken und wir in ihnen verfangen sind. Aus diesem Grund brauchen wir Praxis.

Präsenz

"

Die Befähigung, einem Leidenden die ganze Aufmerksamkeit zu schenken, kommt sehr selten vor und ist eine schwierige Angelegenheit; sie ist fast ein Wunder; sie ist ein Wunder. Fast alle, die denken, sie hätten diese Fähigkeit, haben sie nicht.

_Simone Weil

Präsenz ist wortlos. Wir stellen uns ganz für die Erfahrung eines anderen Menschen zur Verfügung, statt auf uns selbst fokussiert zu sein.

Ich will vollständige Präsenz angesichts heftiger Gefühle entwickeln, so dass ich in immer mehr Umständen und Situationen geerdet bleiben kann.

Die emotionale Belastung – durch Ärger, Angst, Scham, oder den Glauben, nicht zu genügen, oder dass andere uns nicht wohlgesonnen sind – ist der sicherste Weg, uns all unserer Fähigkeiten zu berauben: Wir sind dann nicht mehr in der Lage, uns selbst auszudrücken ohne andere zu beschuldigen, und nicht mehr fähig, eine neugierige, empathische Präsenz zu bewahren.

Ich will angesichts jeglichen Leidens alles dafür tun, Menschen spüren zu lassen, dass ich mit ihnen bin, dass sie in ihrem Schmerz nicht alleine sind. Ich bin überzeugt, dass dies das bedeutendste Geschenk ist, das ich zu geben habe – mein ganzes Herz und meine Präsenz.

Den größten Einfluss, den ich auf die Welt haben kann, ist zu hundert Prozent präsent zu sein, wenn ich mit jemand zusammen bin. Wenn ich daran denke, was ich woanders, mit jemand Anderem oder in anderer Art und Weise tun könnte, bin ich nicht präsent und viel weniger in der Lage, hier und jetzt Einfluss zu nehmen.

Beziehungen

„„

Ferkel schlich sich an Pu Bär heran. „Pu!" flüsterte er. „Ja, Ferkel?"
„Ach nichts", sagte Ferkel. „Ich wollte nur sicher sein, dass du da bist."

_A.A. Milne

Eine der Schwierigkeiten in Beziehungen rührt daher, Ehrlichkeit und Fürsorge als einander ausschließend zu sehen, anstatt die außergewöhnlichen Möglichkeiten zu erkennen, die auftauchen, wenn wir unsere Nöte, unsere Schmerzen und Zweifel, und unser geringes Verbundensein zur selben Zeit einander offenbaren, in der wir unsere Liebe, unser Mitgefühl und unser Verständnis zeigen.

Sobald Unterschiede auftauchen zwischen dem, was wir möchten und was jemand anders möchte, sind wir gewohnt, entweder Druck auszuüben oder aufzugeben. Alternativ könnten wir nach Lösungen streben, die für uns beide passen.

Wenn wir wirklich gemeinsam unsere Bedürfnisse wahrnehmen, finden wir entweder eine stimmige Lösung für beide oder wir betrauern zusammen, diese nicht gefunden zu haben – ohne die Verbindung zu verlieren.

Groll entsteht, wenn ich etwas tue, das ich nicht wirklich tun will, nicht durch etwas, das mein/e Partner*in tut.

Wenn unsere Verbindung darauf aufbaut, dass ich mein authentisches Selbst verstecke, ist die Beziehung weder eine wahrhaftige noch eine tragfähige Verbindung.

Wenn wir uns aus einer Beziehung lösen, ohne gelernt zu haben für unsere Bedürfnisse einzustehen, werden wir uns wahrscheinlich mit denselben Mustern in einer neuen Beziehung wiederfinden.

Statt einen Konflikt miteinander auszutragen, könnt ihr als Paar dazu übergehen, die verhakte Situation, die ihr gemeinsam verantwortet, zu erforschen.

Eine Beziehung zu wandeln heißt alle unausgesprochenen Verträge zu lösen, so dass wir nur tun, was wir bereitwillig tun, ohne heimlich eine Gegenleistung zu erwarten.

Hundert Prozent Verantwortung für eine Beziehung zu übernehmen bedeutet, dass ich alles dafür tue, dass sowohl ich als auch mein/e Partner*in sich um die eigenen und die gegenseitigen Bedürfnisse kümmern.

Resilienz

„

Du kannst die Wellen nicht aufhalten,
aber du kannst lernen auf ihnen zu reiten.

_Jon Kabat-Zinn

Grundsätzlich leben wir alle in einer Gesellschaft, in der auf unsere menschlichen Grundbedürfnisse, insbesondere in unseren frühen Jahren, öfter nicht eingegangen als eingegangen wurde. So sind die meisten von uns sehr wenig belastbar: Wenn wir erleben, dass unsere Bedürfnisse nicht erfüllt werden, kann uns das extrem bedrängen. Wir alle bringen diesen Mangel an Resilienz mit uns in all unsere Beziehungen ein. Das macht das Aushandeln von Strategien und Lösungen, die ein wesentlicher Aspekt von Konflikten sind, so viel schwerer.

Ich werde umso stärker und belastbarer, je mehr ich mich der Schutz-
schichten entledige, die mich davon abhalten, nach dem zu fragen,
was ich brauche.

Durch eine stetige spirituelle Praxis können wir unsere Resilienz steigern.
So stärken wir unsere Fähigkeit standzuhalten, wenn auf unsere Bedürfnisse
nicht eingegangen wird und bekommen damit Zugang zu mehr Möglichkeiten, auf jene schwierigen Momente zu antworten.

Die Vision selbst kann zur Quelle für Kraft und Resilienz werden, weil sie unsere Leidenschaft wieder entfacht, die auf unserem Weg liegenden Hindernisse zu akzeptieren.

Selbstakzeptanz

"

Freundschaft mit sich selbst ist ganz wichtig, weil man ohne sie mit keinem anderen Menschen befreundet sein kann.

_Eleanor Roosevelt

Ich will meine Fähigkeit steigern, die Kluft zwischen meinen Taten und meinen Werten mit Selbstakzeptanz zu überbrücken. Die Grundvoraussetzung ist denkbar einfach: Was immer ich tue, wie weit auch immer es mit meinen Werten im Einklang ist, es ist ein Versuch menschlichen Grundbedürfnissen nachzugehen. Wenn ich diese Bedürfnisse erkennen und mich mit ihnen verbinden kann, vergrößere ich meine Selbstakzeptanz.

Mit Selbstakzeptanz entsteht die Möglichkeit, zu lernen und zu wachsen; dies geschieht selten, wenn ich mich selbst verurteile.

Ich habe keine Angst vor meinen Urteilen. Ich will mich solange mit ihnen befassen, bis mir klar wird, was ich brauche, um mich mit meinem Herzen zu verbinden.

Wenn du akzeptieren kannst, dass Du manchmal nur re-agierst, dann erschöpfst du dich weniger, und kannst deine Reaktion – statt sie zu unterdrücken – allmählich verwandeln.

Vertrauen

"

Das Herz kann über unsere Gebete hinaussehen
Jenseits unserer liebsten Pläne
Und uns sagen, welche für Narren gemacht sind
Und welche die Träume weiser Menschen sind
Vertrau deinem Herzen
Vertrau deinem Herzen

_Judy Collins

Vertrauen ist für eine soziale Ordnung, die auf Zusammenarbeit basiert, was Angst für eine soziale Ordnung ist, die autoritär begründet ist. Daher ist Vertrauen der Kitt, der in großen Gesellschaften oder Organisationen jede und jeden zusammenhält.

Wenn ich mir selbst vertraue, habe ich die Macht nicht mehr auf Andere zu schielen für meine Sicherheit.

Vertrauen braucht die Wirklichkeit nicht in einer bestimmten Form.

Während du versuchst Vertrauen aufzubauen, stelle nur solche Fragen,
deren Antworten du glauben wirst.

Das Paradox des Vertrauens: Wenn ich jemandem nicht vertraue, ist es sehr wahrscheinlich, dass er oder sie mir auch nicht vertraut.

Wenn wir verlorenes Vertrauen wiederherstellen, wird die Angst geringer, das Vertrauen erneut zu verlieren, weil wir wissen, dass wir es wieder aufbauen können.

Verletzlichkeit

"

Wir gehen ein Risiko ein, wenn wir unsere Verletzlichkeit willkommen hei-
ßen. Und doch ist es nicht halb so gefährlich wie die Liebe, die Zugehörigkeit
und die Freude aufzugeben - allesamt Erfahrungen, die uns in hohem Maße
verletzlich machen. Erst wenn wir mutig genug sind die Dunkelheit zu erfor-
schen, werden wir die grenzenlose Macht des Lichts entdecken.

_Brené Brown

Der Weg der Verletzlichkeit lädt uns dazu ein, Risiken zu akzeptieren, unsere Flügel auszubreiten und unsere Resilienz und das Vermögen zu erkennen, das zu überleben, was wir fürchten.

Ein Werkzeug, das mir hilft, den Mut zu fassen verletzlich zu sein, finde ich durch meine eigene innere Akzeptanz, die mich dann nähren und schützen kann, wenn Andere dies nicht tun.

Der Hang zur Gewalt entsteht aus tiefer Scham, aus der Schwierigkeit wirklich in unserer Verletzlichkeit zu bleiben.

Die Gefahren von sozialer Isolation, Demütigung und Geringschätzung sind für uns emotional ebenso beängstigend wie eine körperliche Bedrohung. Obwohl wir emotional „verletzt" werden oder gar „sterben" könnten, wenn wir uns im Miteinander mit uns und anderen für Wahrheit und Liebe öffnen, lädt uns die Praxis der Verletzlichkeit genau dazu ein: es zu riskieren und dennoch offen zu bleiben.

Wenn ich die Möglichkeit wahrnehme, offen, nackt und ganz und gar menschlich zu sein, dann fühle ich mich wie verwandelt und spüre intensiv die Frische des Lebens.

Arbeit

„

Allein können wir so wenig, gemeinsam können wir so viel erreichen.

_Helen Keller

Wenn wir deutlich machen, warum wir etwas wollen,
erhöht sich die Bereitschaft der Anderen es zu tun.

Effizientes Arbeiten geht nicht zwangsläufig auf Kosten von Kooperation und *Empowerment*. Es erfordert allerdings eine bestärkende, effektive und transparente Führung.

Wenn wir Andere dabei unterstützen, sich ihrer Bedürfnisse bewusst zu werden, können sie eigene Kraftquellen erschließen und ihre Probleme selbst lösen.

Wenn du dich auf das konzentrierst, was in der jeweiligen Situation möglich ist, anstatt auf das, was gerecht ist, wirst du mehr Probleme schneller lösen.

Wenn Führungen die Wahrheit über die menschlichen Kosten von Handlungen nicht erreicht, fehlt ihnen wesentliche Rückmeldung, um fundierte Entscheidungen treffen zu können. Wenn Vereinbarungen auf der Angst vor Konsequenzen beruhen, sind sie weniger wahrhaftig und weniger beständig. Wenn Menschen sich nicht frei fühlen „Nein" zu sagen, werden sie sich nicht ganz einbringen und sich ihre Arbeit nicht ganz zu eigen machen.

Nur wenn der Zweck nicht mehr die Mittel heiligt,
können wir persönlich und als Führung in jedem
Moment beherzt nach Liebe und Wahrheit streben.

Über die Autorin

Miki Kashtan ist eine bodenständige Visionärin, die sich einsetzt für eine Welt für alle, basierend auf Prinzipien und Praktiken, die ihre Wurzeln in der feministischen Gewaltfreiheit haben. Miki Kashtan ist Gründerin der *Nonviolent Global Liberation (NGL) community* (einer Gemeinschaft für gewaltfreie globale Befreiung), deren Ziel darin besteht, die Gewaltfreiheit durch fortlaufende *Live*-Wahrheits-Experimente, die sich auf individuelle und kollektive Befreiung konzentrieren, in das Gefüge des menschlichen Lebens zu integrieren. Eines der beständigsten Experimente innerhalb der Gemeinschaft ist die Selbstverpflichtung, auf Grundlage der vollständigen Schenkökonomie zu agieren, was sowohl den Umgang mit Geld als auch mit anderen Ressourcen angeht. Ihre letzte Buchveröffentlichung ist *The Highest Common Denominator* („Der höchste gemeinsame Nenner"), und sie schreibt auf ihrem Blog zu theoretischen, praktischen, politischen und spirituellen Fragen in Bezug auf das Patriarchat, Kapitalismus, Gewaltfreiheit und die (mütterliche) Schenkökonomie. Ihre Artikel sind u.a. erschienen in der *New York Times*, in *Tikkun, Waging Nonviolence, Shareable, Peace and Conflict* und *Self and Society*. Sie hat einen Doktortitel in Soziologie der *University of California*, Berkeley (USA).

Webseiten

www.thefearlessheart.org (der Blog)
www.nglcommunity.org (die NGL-Gemeinschaft)
www.convergentfacilitation.org (das *Convergent Facilitation* für gemeinschaftliche Entscheidungsfindung)
www.cnvc.org (*The Center for Nonviolent Communication*)

Bücher

- *The Highest Common Denominator: Using Convergent Facilitation to Reach Breakthrough Collaborative Decisions*
- *Reweaving Our Human Fabric: Working Together to Create a Nonviolent Future*
- *Spinning Threads of Radical Aliveness: Transcending the Legacy of Separation in Our Individual Lives*

Übersetzung im Trio

"

Wir haben uns zuerst nicht gekannt,

und sind dann immer mehr ineinander geschwommen.

Wir haben erlebt, wie froh es uns macht,

gemeinsam etwas entstehen zu lassen.

Der individuelle Beitrag ist zurückgetreten hinter das Ziel,

etwas Gemeinsames zu schaffen.

Beim Erleben des gemeinsamen Gelingens,

hat sich der Anspruch an uns persönlich aufgelöst.

So beglückend, die Kreativität gemeinsamer Sprachschöpfung

immer wieder zu erleben.

Zu dritt ist uns das Übersetzen miteinander „passiert".

Helene Weynerowski, Freiburg _ja.helene@gmail.com

... ist seit vielen Jahren als Lebenskünstlerin wirbelig unterwegs:
reisend, schreibend, lernend und lehrend;
... sie kennt die GFK viel länger als wir, schon seit Mitte der 90er Jahre;
... manchmal ist sie bescheiden, manchmal unverschämt frei;
... sie „schmeckt" die Sprachen, sie lebt in ihnen.

Sitana Omer, Oberstenfeld b. Stuttgart _www.gfk-omer.de

... ist dreisprachig aufgewachsen und arbeitet als Sprachlehrerin;
... ist auf der Reise, ihre Herkunft aus dem Sudan mit ihrer schwäbischen
Heimat in sich zu vereinen;
... (Sitana) heißt übersetzt „unsere Herrin" – aber sie macht es „gewaltfrei";
... findet in der Sprache erdige Wortverbindungen.

Thomas Stelling, Ravensburg _www.forum-augenhoehe.com

... arbeitet seit vielen Jahren in der Bodenseeregion als Coach, Mediator und
Trainer für Gewaltfreie Kommunikation (zert. CNVC);
... ist begeisterungsfähig und begeisternd;
... hinterfragt die Bedeutung von einzelnen Worten und spürt die
Stimmigkeit von Bildern in der Sprache;
... hat uns glücklicherweise als Trio zusammengebracht.